대인
관계와

소통의
지혜

학습활동

Interpersonal & Communicative Wisdom

Contents

Chapter 1

학습활동

활동 1 나 이해하기

❶ 자신의 장점과 단점에 대해 정리해 보자.

장 점	단 점

❷ 자신의 장점과 단점이 일상생활에 미치는 영향에 대해 작성해 보자.

❸ 자신에게 가장 소중한 것 한 가지를 적어보자.

❹ 살아오면서 가장 기뻤던 일과 슬펐던 일에 대해 작성해 보자.

❺ 지금의 전공을 선택한 이유에 대해 작성해 보자.

활동 2 형용사를 이용한 나 이해하기

⏰ 아래 형용사들을 읽어보고 질문에 답해 보자.

가식적인	공격적인	매력적인	아름다운	용기 있는	진지한
가증스러운	궁상맞은	미련한	어리석은	이성적인	차분한
강인한	긍정적인	복잡한	엉뚱한	인기 있는	창의적인
건설적인	내성적인	부정적인	여유로운	인색한	초조한
게으른	다정한	불만스러운	연약한	재치 있는	추한
겸손한	단순한	불안한	예술적인	적극적인	파괴적인
경솔한	단정한	불쌍한	온정적인	정열적인	편안한
공감적인	단호한	사교적인	외로운	조급한	평범한
교만한	당당한	소심한	외향적인	조용한	품위 있는
귀여운	대범한	수동적인	우둔한	조화로운	행복한
끔찍한	덤벙대는	수줍은	우아한	쫀쫀한	현실적인
기만적인	똑똑한	신실한	우울한	주책맞은	화려한
기발한	두려운	신중한	우유부단한	즐거운	활기찬

❶ 당신 자신에게 가장 잘 어울린다고 생각하는 형용사 세 가지를 적어보자.

----

❷ 같은 팀끼리 돌아가면서 각자에게 어울리는 형용사 한 가지를 선택해 주자.

----

❸ 사람들이 당신에게 바라고 원하는 형용사 세 가지를 적어보자.

----

❹ 당신이 삶 속에서 이루어지기 원하는 것 한 가지만 말해보자.

활동 3 나의 적성 알아보기

❶ 적성 요인

구 분	하위 요인	적성 요인
언어력	• 어휘력 • 문장 독해	• 일상생활에서 사용되는 다양한 단어의 의미를 정확히 알고 글로 표현된 문장들의 내용을 올바르게 파악하는 능력
수리력	• 자료 해석력	• 사칙연산을 이용하여 수리적 문제들을 풀어내고 일상생활에서 접하는 통계적 자료들의 의미를 정확하게 해석하는 능력
추리력	• 수열 추리 Ⅰ • 수열 추리 Ⅱ • 도형 추리	• 주어진 정보를 종합해서 이들 간의 관계를 논리적으로 추론해 내는 능력
공간 지각력	• 지도 보고 위치 찾기 • 조각 맞추기 • 그림 맞추기	• 물체를 회전시키거나 재배열했을 때 변화된 모습을 머릿속에 그릴 수 있으며, 공간 속에서 위치나 방향을 정확히 파악하는 능력
사물 지각력	• 지각 속도	• 서로 다른 사물들 간의 유사점이나 차이점을 빠르고 정확하게 지각하는 능력
상황 판단력	• 상황 판단 능력	• 실생활에서 자주 당면하는 문제나 갈등 상황에서 문제를 해결하기 위한 여러 가지 가능한 방법 중 보다 바람직한 대안을 판단하는 능력
기계 능력	• 기계 적성	• 기계의 작동 원리나 사물의 운동 원리를 정확히 이해하는 능력
집중력	• 집중력	• 작업을 방해하는 자극이 존재함에도 불구하고 정신을 한 곳에 집중하여 지속적으로 문제를 해결할 수 있는 능력
색채 지각력	• 색 구별 • 색 혼합	• 서로 다른 색을 정확히 구별하고, 서로 다른 색의 혼합 결과를 판단하는 능력
사고 유창력	• 용도 찾기 • 상상하기	• 주어진 상황에서 짧은 시간 내에 서로 다른 많은 아이디어를 개발해내는 능력
협응 능력	• 기호 쓰기	• 눈과 손이 정확하게 협응하여 세밀한 작업을 빠른 시간 내에 정확하게 해내는 능력

❷ 나의 직업 적성은?

적성 요인	언어력	수리력	추리력	공간 지각력	사물 지각력	상황 판단력	기계 능력	집중력	색채 지각력	사고 유창력	협응 능력
5개 순위											

활동 4 나의 흥미 알아보기

홀랜드(Holland) 검사는 여러분의 흥미를 알아보는 것이다. 흥미란 어떤 일을 할 때 특별히 관심이 있어 시간 가는 줄 모르고 재미있게 해낼 수 있는 일을 말한다. 흥미 검사는 흥미를 느끼는 대상, 범위 및 정도를 알아보는 검사, 즉 직업에서 이루어지는 여러 활동 중 어디에 관심이 더 있는지 알아보는 검사이다. 해보고 싶고 관심 있는 것을 1항목에 체크하고 2항목에서는 정도에 맞게 점수를 적어보자. 그리고 자신이 어떤 유형에 속하는지 알아보고 그다음에 나오는 성격 특징과 직업 적성, 그에 맞는 대표적인 직업을 알아보자.

🕐 자기와 비슷하거나 선호하는 것에 체크(√)하고 유형별로 개수를 적어보자.

흥미 유형	현실형 (Realistic)	탐구형 (Investigative)	예술형 (Artistic)	사회형 (Social)	진취형 (Enterprising)	관습형 (Conventional)
1	성실한	지적인	예민한	친절한	분명한	정확한
	완고한	비판적인	창의적인	가르치는	야망하는	체계적인
	엄격한	창의적인	감정적인	이해하는	확신하는	보수적인
	검소한	독립적인	표현적인	수용적인	지배적인	실제적인
	실제적인	논리적인	독립적인	배려하는	열성적인	순응하는
	안정적인	수학적인	혁신적인	공감적인	설득적인	효율적인
	무뚝뚝한	방법적인	자유분방한	우호적인	생산적인	조직화된
	현실적인	합리적인	비우호적인	설득적인	영향력 있는	잘 통제된
	순응하는	과학적인	비현실적인	도움을 주는	자기주장적인	질서정연한
체크 개수	( )	( )	( )	( )	( )	( )

⏰ 아래 항목을 보고 자신이 좋아하고 흥미를 느끼는 것의 정도에 맞게 아래에 점수를 적어보자. (매우 싫다 1점, 싫다 2점, 보통이다 3점, 좋다 4점, 매우 좋다 5점)

흥미 유형	현실형 (Realistic)	탐구형 (Investigative)	예술형 (Artistic)	사회형 (Social)	진취형 (Enterprising)	관습형 (Conventional)
2	·운동 등 몸을 움직이는 일	·퍼즐 맞추기, 실험하기	·독립적으로 일하기	·사람들을 가르치거나 교육하는 일	·지도자가 되는 것	·사무실 안에서 일하기
	·공구나 기계를 다루는 기술직	·과학과 관련된 연구하는 일	·창조적으로 일하기 ·글 창작하기	·다른 사람의 문제 해결을 돕는 일	·권력, 지위, 성취에 대한 야망과 열정	·하루 생활을 짜임새 있게 계획하기
	·손이나 도구를 사용하여 일하기	·문제, 상황, 경향 등을 분석하는 일	·악기를 연주하거나 노래하는 일	·사람들을 편안하고 즐겁게 해주는 일	·자신의 목표를 세우고 설득하거나 영향을 주는 것	·파일을 작성하거나 서류 등을 정리하기
합계	( )	( )	( )	( )	( )	( )

1+2 합계						

· 각 유형별 1항목 체크 개수 + 2항목 3문항(1점에서 5점 점수 기입) 총 합계 = 1+2 합계
· 최고 점수가 나온 것이 나의 흥미 유형이다. 당신은 어떤 유형인가?

⏰ 홀랜드(Holland) 직업 흥미 유형 조합 코드의 특성

구 분	현실형(R)	탐구형(I)	예술형(A)	사회형(S)	진취형(E)	관습형(C)
성격 특성	• 실제적인 • 겸손한 • 실용적인 • 독단적인 • 소박한 • 단순한 • 통찰을 중요 시하지 않음	• 분석적 • 이지적 • 현학적 • 개방적 • 광범위한 호 기심	• 상상력이 풍 부한 • 직관적 • 감수성이 예 민한 • 자유분방 • 개방적 • 독창적	• 명랑함 • 친절함 • 이해심 있음 • 사교적 • 설득적 • 외향적	• 지배적 • 모험적 • 야심적 • 권력 지향적 • 경쟁적 • 외향적 • 열정적	• 순응적 • 보수적 • 실용적 • 상상력이 풍부 하지 못함 • 변화를 싫어함 • 안정 추구
자기 평가	실용적이고 보수적이며 손재주와 기 계적 소질이 있으나 사교 적 재능이 부 족함	분석적이고 지적이며 회 의적이고 학 술적 재능이 있으나 대인 관계 기술이 부족함	경험에 대해 개방적이며 혁신적이고 지적이지만 사무적 재능 이 부족함	동정적이고 참을성이 있 으며 대인관 계적 소질이 있으나 기계 적 능력이 부 족함	영업 능력과 설득력을 갖 고 있으나 과 학적 재능이 부족함	사업과 생산에 기술적 능력을 갖고 있으나 예술적 재능이 부족함
선호 직업 활동	• 기계 • 도구 • 사물의 조작	• 자연현상과 사회 현상을 탐구, 이해, 예측, 통제	• 문학 • 음악 • 미술 활동	• 개인적 교류 를 통해서 타 인을 도와주 고 가르치고 상담해 주고 봉사하는 활 동과 직업	• 타인을 설득 하고 부리며 지시하는 활 동	• 관례를 정하고 유지하며 기준 을 적용하는 활동
직업	• 기술자 • 자동차 기계 및 항공기 조 종사 • 정비사 • 농부 • 어부 • 엔지니어 • 전기 및 기계 기사 • 운동선수 • 소방대원 • 동물 전문가 • 요리사 • 목수 • 건축가 • 도시계획가	• 과학자 • 생물학자 • 화학자 • 물리학자 • 인류학자 • 지질학자 • 의료 기술자 • 의사 • 수학 교사 • 천문학자 • 비행기 조종 사 • 편집자 • 발명가	• 예술가 • 작곡가 • 음악가 • 무대 감독 • 작가 • 배우 • 소설가 • 미술가 • 무용가 • 디자이너 • 조각가 • 연극인 • 음악 평론가 • 만화가	• 사회복지가 • 교육자 • 간호사 • 유치원 교사 • 종교 지도자 • 상담가 • 임상 치료가 • 언어 치료사 • 승무원 • 청소년 지도 자 • 외교관 • 응원 단원	• 기업 경영인 • 정치가 • 판사 • 영업사원 • 상품 구매인 • 관리자 • 연출가 • 생활 설계사 • 매니저 • 변호사 • 탐험가 • 사회자 • 여행 안내원 • 광고인 • 공장장 • 아나운서	• 공인회계사 • 경제분석가 • 은행원 • 세무사 • 경리 사원 • 감사원 • 안전관리사 • 사서 • 법무사 • 통역사 • 공무원 • 약사 • 비서 • 경호원 • 우체국 직원

구 분	현실형(R)	탐구형(I)	예술형(A)	사회형(S)	진취형(E)	관습형(C)
적성	•기계적, 운동적인 능력은 있으나 대인관계 능력이 부족 •수공업, 농업, 전기, 기술적 능력이나 연장, 기계, 동물들의 조작을 주로 하는 능력이 있으나 교육적 능력은 부족	•학구적, 지적 자부심을 가지고 있으며 수학적, 과학적 능력과 연구 능력은 높으나 지도력이나 설득력은 부족 •혼자 하는 활동에 적합	•미술적, 음악적 능력은 있으나 사무적 기술은 부족 •상징적, 자유적, 비체계적 순서적 능력은 부족하나 창의적이고 독창적인 활동에 적합	•사회적, 교육적 지도력과 대인관계 능력은 있으나 기계적, 과학적, 체계적 능력은 부족	•적극적이고 사회적이고 지도력과 언어능력이 탁월해 조직의 목적과 경제적 이익을 얻는 일에 적합하나 과학적, 상징적,체계적 능력은 부족	•자료를 기록, 정리, 조직하는 일을 좋아하고 사무적, 계산 능력이 뛰어나나 창의적, 자율적, 모험적, 예술적, 비체계적 활동에는 흥미가 없음
생의 목표	•눈에 보이는 성취에 대한 물질적 보상	•지식의 개발과 습득	•아이디어, 정서, 감정의 창조적 표현	•타인의 복지와 사회적 서비스를 중시함	•물질적 성취와 사회적 지위	•물질적·금전적 성취와 사회, 사업, 정치 영역에서의 권력
회피 목표	•타인과의 교류	•설득 혹은 영업 활동	•반복적인 과업과 관례에 순응	•기계 및 기능적 활동	•과학적, 지적, 추상적 주제	•모호하거나 비구조적 과업

 Chapter **2** 　　**학 습 활 동**

활동 1 숨겨진 나 발견하기 : 에니어그램(Enneagram)

❶ 아래의 질문을 읽고 5점 척도로 선택한 후 우측 합계란에 합계 점수를 적어보자.

• 자신이 자연스럽게 행동하는 경향, 즉 자신에게 좀 더 가깝다고 생각되는 정도를 점수로 선택한다.

• 자신이 이상적으로 바라는 것이 아닌 습관처럼 편안하고 자연스럽게 자주 느끼고 행동하는 경향으로 선택한다.

에니어그램 유형 테스트 설문지						
(　　)학년 (　　)반 (　　)번　이름 (　　　　　　　　)						
번 호	질 문	전혀 그렇지 않다	대체로 그렇지 않다	보통이다	대체로 그렇다	매우 그렇다	합계
1	나는 잘못된 것들을 고치려고 노력한다.	1	2	3	4	5	
2	나는 가끔 울컥 화가 치민다.	1	2	3	4	5	
3	나는 자제력이 강하다.	1	2	3	4	5	
4	나는 행동을 할 때 원칙을 정하고 한다.	1	2	3	4	5	
5	나는 완벽을 위해 끝까지 노력한다.	1	2	3	4	5	(　　)
6	나는 때때로 융통성이 없다.	1	2	3	4	5	
7	나는 틀림없는(늘 틀리지 않는) 사람이라는 평가를 받는다.	1	2	3	4	5	
8	나는 옳고 그름이 분명하여 때로는 비판적이다.	1	2	3	4	5	
9	나는 나의 양심에 따라 행동한다.	1	2	3	4	5	
10	나는 다른 사람들과 함께 일하면 기분이 좋다.	1	2	3	4	5	
11	나의 관심사는 다른 사람을 도와주는 것이다.	1	2	3	4	5	
12	나는 사람들을 칭찬한다.	1	2	3	4	5	
13	내 생각보다는 친구의 생각을 존중한다.	1	2	3	4	5	
14	나는 다른 사람들을 도와줄 때 기분이 좋다.	1	2	3	4	5	(　　)
15	나는 다른 사람을 잘 보살펴준다.	1	2	3	4	5	
16	나는 친구들과 친해지려고 노력하고 있다.	1	2	3	4	5	
17	나는 다른 사람의 감정을 위해서 나의 감정은 억누른다.	1	2	3	4	5	
18	나는 친구들에게 좋은 사람으로 보이기 위해 노력한다.	1	2	3	4	5	

번 호	질 문	전혀 그렇지 않다	대체로 그렇지 않다	보통이다	대체로 그렇다	매우 그렇다	합계
19	나는 능력을 인정받기 위해 끊임없이 변화하는 것이 좋다.	1	2	3	4	5	
20	나는 과정보다 결과가 중요하다.	1	2	3	4	5	
21	나는 일을 할 때 목표 달성에 관심을 둔다.	1	2	3	4	5	
22	나는 적응력이 뛰어나고 상황에 잘 대처한다.	1	2	3	4	5	
23	나는 지나치게 경쟁심이 강하다.	1	2	3	4	5	( )
24	나는 일의 성취를 중요하게 생각한다.	1	2	3	4	5	
25	나는 성적이 가장 중요하다고 생각한다.	1	2	3	4	5	
26	나는 맡은 일을 효과적으로 잘 처리한다.	1	2	3	4	5	
27	나는 뒤떨어지지 않기 위해 항상 노력한다.	1	2	3	4	5	
28	나는 혼자 있을 때가 많다.	1	2	3	4	5	
29	나는 나 자신만의 고상한 취미를 즐긴다.	1	2	3	4	5	
30	나는 예술가적 기질이 있다.	1	2	3	4	5	
31	나는 외톨이가 된 것 같이 느낄 때가 있다.	1	2	3	4	5	
32	나는 독특한 감정을 가지고 있다.	1	2	3	4	5	( )
33	나는 분위기에 따라 감정이 변한다.	1	2	3	4	5	
34	나는 마음이 따뜻하지만 질투심이 있다.	1	2	3	4	5	
35	나는 어떤 일을 감동에 빠져 잘 하다가도 가끔 우울해진다.	1	2	3	4	5	
36	나는 평범하게 사는 것이 싫다.	1	2	3	4	5	
37	나는 생각이 많은 편이다.	1	2	3	4	5	
38	나는 문제가 생기면 그 문제가 풀릴 때까지 그것만 생각한다.	1	2	3	4	5	
39	나는 공적인 것보다 사생활에 관심이 많다.	1	2	3	4	5	
40	나는 앞뒤를 잘 따져보고 판단한다.	1	2	3	4	5	
41	나는 시간이나 돈을 아낀다.	1	2	3	4	5	( )
42	나는 이런저런 세상일에 관심이 많다.	1	2	3	4	5	
43	나는 혼자 뚝 떨어져 고민하기도 한다.	1	2	3	4	5	
44	나는 지적이고 냉철하게 관찰하는 편이다.	1	2	3	4	5	
45	나는 모든 것을 머리로 이해하고 판단한다.	1	2	3	4	5	

번호	질문	전혀 그렇지 않다	대체로 그렇지 않다	보통이다	대체로 그렇다	매우 그렇다	합계
46	나는 창의적인 것보다는 정해진 대로 하는 것을 더 잘 한다.	1	2	3	4	5	
47	나는 가족도 가끔 의심하는 경향이 있다.	1	2	3	4	5	
48	나는 가끔 나 자신을 의심한다.	1	2	3	4	5	
49	나는 반 친구들과 협동을 잘 한다.	1	2	3	4	5	
50	나는 모든 일에 안전이 중요하다고 생각한다.	1	2	3	4	5	( )
51	나는 용기가 필요하다.	1	2	3	4	5	
52	나는 결과가 나쁠까 봐 결정을 못 내리고 질질 끈다.	1	2	3	4	5	
53	나는 믿을 만한 사람에게는 충성을 다한다.	1	2	3	4	5	
54	나는 친한 친구와 우정을 지키려고 노력한다.	1	2	3	4	5	
55	나는 재미있는 일을 찾아서 즐긴다.	1	2	3	4	5	
56	나는 모험적이다.	1	2	3	4	5	
57	나는 끊임없이 변화하는 것이 좋다.	1	2	3	4	5	
58	나는 자극적이고 흥분되는 활동을 좋아한다.	1	2	3	4	5	
59	나는 때때로 아기처럼 유쾌하다.	1	2	3	4	5	( )
60	나는 낙천적으로 사는 편이다.	1	2	3	4	5	
61	나는 항상 새로운 경험을 하려고 한다.	1	2	3	4	5	
62	나는 한 가지 일만 계속하면 지루하다.	1	2	3	4	5	
63	나는 참을성이 없는 편이다.	1	2	3	4	5	
64	나는 지도자의 기질이 있다.	1	2	3	4	5	
65	나는 내 맘대로 결정하려는 경향이 있다.	1	2	3	4	5	
66	나는 항상 강해야 한다고 생각한다.	1	2	3	4	5	
67	나는 사람들을 지배하려는 경향이 있다.	1	2	3	4	5	
68	나는 일을 과감하게 추진한다.	1	2	3	4	5	( )
69	나는 내가 주장하는 것을 강하게 밀고 나간다.	1	2	3	4	5	
70	나는 다른 사람을 내 마음대로 하려 한다.	1	2	3	4	5	
71	나는 남들에게 이래라저래라 지시하는 편이다.	1	2	3	4	5	
72	나는 강한 자신감으로 다른 사람들을 설득한다.	1	2	3	4	5	

번호	질 문	전혀 그렇지 않다	대체로 그렇지 않다	보통이다	대체로 그렇다	매우 그렇다	합계
73	나는 친구의 말을 잘 듣는다.	1	2	3	4	5	
74	나는 어떤 일을 미루는 편이다.	1	2	3	4	5	
75	나는 모든 일이 편안하게 흘러갔으면 좋겠다.	1	2	3	4	5	
76	나는 속상한 일을 잘 참는다.	1	2	3	4	5	
77	나는 친구들이 하는 대로 따라한다.	1	2	3	4	5	( )
78	나는 다른 사람들의 의견을 잘 따른다.	1	2	3	4	5	
79	나는 주위 사람들과 편하게 지내고 싶다.	1	2	3	4	5	
80	나는 남의 일에 관심이 없다.	1	2	3	4	5	
81	나는 조화롭게 살아가는 평화주의자다.	1	2	3	4	5	

❷ 아래 에니어그램 도형의 괄호 안에 위 설문지의 번호별 합계 점수를 적어보자.

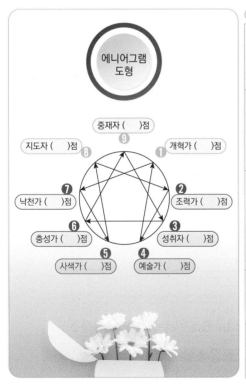

( )학년 ( )반 ( )번 이름 ( )			
나의 기본 유형	( )번 ( )점	명칭	( )
	※ 점수가 가장 높은 번호와 명칭을 적으 시오.		
나의 힘의 중심	8, 9, 1번 장(본능) 중심 ☑	2, 3, 4번 가슴(감정) 중심 ☑	5, 6, 7번 머리(사고) 중심 ☑
	※ 나의 기본 유형이 속한 곳에 ✔ 체크		
나의 날개	나의 왼쪽 날개	( )번	( )점
	나의 오른쪽 날개	( )번	( )점
	※ 나의 기본 유형의 좌측, 우측 번호와 점수 적기		
나의 성숙점	( )번		( )점
	※ 나의 기본 유형에서 화살표 순방향 번호와 점수 적기		
나의 분열점	( )번		( )점
	※ 나의 기본 유형에서 화살표 역방향 번호와 점수 적기		

❸ 나의 힘의 중심은 장, 가슴, 머리 중 어느 유형인지 찾아보자.

💬 아침 출근길에 내 앞에서 교통사고가 났다. 나는 어떻게 행동할까?

❹ 에니어그램을 통한 자신의 유형을 찾아보자.

나의 성격 유형		
나의 양쪽 날개		
나와 연결된 화살표		
긍정적인 성향	성장 방향	유의할 점

❺ 에니어그램을 통해 자신을 분석해 보자.

💬 어린 시절 나를 힘들게 했던 사건은 무엇이고 그때 나는 어떻게 느끼고 대처했는가?

💬 나는 다른 사람으로부터 어떤 평가를 받고 있는가?

💬 나의 어떤 성향이 다른 사람에게 상처를 주었다고 생각하는가?

💬 누군가에게 비난을 받은 적이 있다면 어떤 부분에 대해서 비난받았는가?

활동 2 나의 대인관계 특성 : MBTI

❶ 4가지 선호 경향의 대표적 표현들(출처 : 어세스타)

외향형(Extraversion)	내향형(Introversion)
• 사람을 만나고 활동할 때 에너지가 생긴다. • 다양한 사람들과 폭넓은 관계를 형성한다. • 말을 통한 의사소통 방식을 선호한다. • 열정적이고 활동적이다. • 먼저 행동한 후 생각한다.	• 혼자 깊이 생각할 시간을 가지면서 에너지를 얻는다. • 소수의 사람과 밀접한 관계를 형성한다. • 메모나 서면으로 하는 의사소통을 선호한다. • 조용하고 신중하다. • 먼저 생각한 후 행동한다.

감각형(Sensing)	직관형(iNtuition)
• 오감을 통해 직접 경험한 것을 신뢰한다. • 정확성과 꼼꼼함에 가치를 둔다. • 사실적이고 구체적으로 표현한다. • 현재에 초점을 둔다 • 실용성을 추구하고 현실적이다. • 조직적이고 단계적인 접근을 중시한다.	• 예감이나 직감, 이론적인 정보를 더 잘 받아들인다.(육감) • 통찰과 유추에 가치를 둔다. • 추상적으로 표현한다. • 과거, 현재, 미래를 전체적으로 본다. • 미래의 가능성이 중요하다. • 창의적이고 새로운 접근을 중시한다.

사고형(Thinking)	감정형(Feeling)
• 이성적으로 결정한다. • 인과 관계를 파악하여 객관적으로 판단한다. • 장점과 단점을 비교하고 평가한다. • 진실과 사실에 주된 관심을 가진다. • 무엇이 잘못되었는지 분석을 먼저 한다. • 사람들과의 관계보다 목표 달성이 먼저다.	• 감성적으로 결정한다. • 주관적 가치에 근거해 무엇이 중요한지 판단한다. • 개인적인 가치에 근거하여 살펴본다. • 사람들과의 관계에 주된 관심을 가진다. • 다른 사람들의 의견에 잘 공감한다. • 목표 달성보다 사람들의 관계가 먼저다.

판단형(Judging)	인식형(Perceiving)
• 해야 할 일을 계획대로 행동한다. • 예측하고 미리 계획함으로써 문제를 최소화하려 한다. • 미리미리 준비해서 여유롭게 끝낸다. • 주변이 깨끗하게 정리되어 있어야 한다. • 분명한 목적과 방향을 갖고 있다.	• 순간의 필요에 따라 행동한다. • 문제가 생기면 그때그때 해결하려고 한다. • 마지막 순간에 집중해서 끝낸다. • 주변 정리가 안 되고 지저분해도 불편함이 없다. • 목적과 방향은 바뀔 수 있다고 생각한다. • 통제되는 것을 힘들어한다.

❷ 자신의 MBTI 선호 추측 체크(출처 : (주)한국MBTI연구소)

	매우 분명	분명	보통	약간	약간	보통	분명	매우 분명	
외향형(E)									내향형(I)
감각형(S)									직관형(N)
사고형(T)									감정형(F)
판단형(J)									인식형(P)

💬 선호 추측을 통해 확인한 나의 성격 유형 특성은? 예 ISTJ

성격 유형 (   )

💬 위 성격 유형에 맞게 활동 영역을 기록해 보자.

---

❸ 외향형(E) – 내향형(I)(출처 : 성기원, 최영임, 황승숙 공저, 2022, MBTI와 함께하는 대인관계 능력)

💬 휴일이나 주말 동안 나는 어떻게 시간을 보내고 있는가?

💬 자신과 반대 지표(E-I)를 가진 사람에게 바라는 게 있다면 무엇인가?

❹ 감각형(S)-직관형(N)

💬 나의 인식 기능 유형은 감각형(S)인가, 직관형(N)인가?
그림을 보고 자유롭게 묘사해 보시오.

❺ 사고형(T)-감정형(F)

💬 나의 판단 기능 유형은 사고형(T)인가, 감정형(F)인가?

사례 친구가 연인과 헤어졌다며 힘들어하고 있다. 나에게 위로받고자 하는 친구를 위해 나는 어떻게 할 것
인가? 아래에 자유롭게 기술해 보자.

❻ 판단형(J)-인식형(P)

💬 나의 생활 양식 유형은 판단형(J)인가, 인식형(P)인가?
   친한 친구 3명이 함께 여행을 가기로 했다. 여행을 위한 준비를 어떻게 할 것인가?

💬 같은 성격 유형의 그룹 활동을 통해 나의 대인관계 특성 알아가기[출처 : ㈜한국MBTI연구소]

유형 :   조 이름:

◉ 우리 유형의 공통점을 작성해 보자.(5가지 정도)

◉ 선호하는 격언이나 속담을 적어보자.(3개 정도)

◉ 싫어하는 말이나 단어가 있다면 나열해 보자.(5개 정도)

◉ 다른 사람으로부터 자주 듣는 말이 있다면 나열해 보자.(5가지 정도)

대인관계와 소통의 지혜

 Chapter **3**   **학 습 활 동**

활동 1   '조하리의 창'을 사용하여 나의 대인관계를 살펴보자.

❶ 다음의 10개 문항을 읽고 1~10점 사이의 점수에 표기해 보자.

💬 조하리의 창 진단

번호	내 용	점 수									
		그렇지 않다			그저 그렇다			매우 그렇다			
1	나의 일에 대해 다른 사람(상사, 동료, 부하)에게서 이런저런 잔소리를 들으면 기분이 나쁘다.	1	2	3	4	5	6	7	8	9	10
2	자기 일을 다른 사람에게 말하는 것은 속이 빈 사람이라는 생각이 든다.	1	2	3	4	5	6	7	8	9	10
3	남의 말을 듣고 있는 중 지루해지면 "말하자면 이렇다는 말이지요?"라고 말의 허리를 자르는 일이 많다.	1	2	3	4	5	6	7	8	9	10
4	'신비롭다'는 말을 들을 만큼 자신을 내보이지 않는 것이 좋다.	1	2	3	4	5	6	7	8	9	10
5	다른 사람이 무엇이라고 말하든 구애 받을 필요는 없다.	1	2	3	4	5	6	7	8	9	10
6	하고 싶은 말이 있어도 꾹 참고 혼자 속으로 처리하는 일이 많다.	1	2	3	4	5	6	7	8	9	10
7	다른 사람에게서 여러 가지 상담을 제안 받는 일이 거의 없다.	1	2	3	4	5	6	7	8	9	10
8	타인의 일이나 의견에 대해 의논하거나 자신의 생각을 말해주지 않는다.	1	2	3	4	5	6	7	8	9	10
9	다른 사람에게서 주의를 받거나 비판을 받으면 무의식적으로 반론하고 싶어진다.	1	2	3	4	5	6	7	8	9	10
10	자신의 기분이나 생각을 솔직하게 이야기하기보다는 애매 모호하게 흐리는 경우가 있다.	1	2	3	4	5	6	7	8	9	10

❷ X 축과 Y 축의 점수를 계산하여 그래프에 표시한 후 선을 긋는다.

💬 점수 계산(자가 진단)

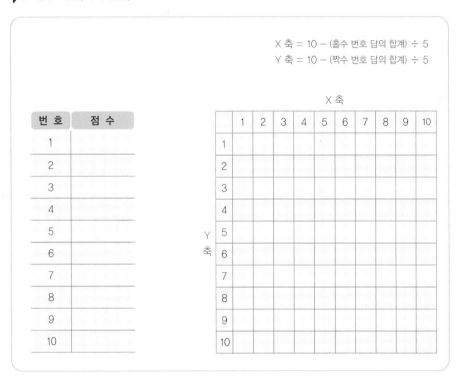

X 축 = 10 − (홀수 번호 답의 합계) ÷ 5
Y 축 = 10 − (짝수 번호 답의 합계) ÷ 5

번 호	점 수
1	
2	
3	
4	
5	
6	
7	
8	
9	
10	

❸ 위의 표에서 X 축과 Y 축의 점을 선분으로 표시했을 때 가장 큰 면적이 자신의 대인 관계 유형이다. [그림 3-2]를 참조한다.

✏ memo

활동 2 다음 글을 읽고 답해보자.

💬 정상 경험(절정 경험)

- 삶에서 의미 있는 개인적 사건을 묘사하고 분석해 봄으로써 매슬로의 절정 경험 개념을 이해할 수 있다.

- 당신이 경험했던 절정감에 대해 기술해 보자.
  "당신 인생에서 가장 황홀했던 순간을 떠올려 보자. 즉 가장 행복했던 순간, 황홀했던 순간, 환희의 순간을 생각해보자."

활동 3 위의 절정 경험에 대해 작성했다면 아래의 질문에 답해보자.

❶ 절정감을 느끼던 그 순간 당신은 어디에 있었는가?

---

❷ 당신은 무엇을 하고 있었는가?

---

❸ 이러한 경험 동안 당신은 무엇을 느꼈는가?

❹ 그 경험 후 당신은 무엇을 느꼈는가?

❺ 그 경험이 그 당시 당신에게 어떤 의미가 있었는가?

❻ 그 경험이 현재 당신에게 어떤 의미가 있는가?

활동 4 다음 글을 읽고 답해보자.

💬 다음의 자기표현 예시에서 상황별 자신의 반응을 기술하고 옆 사람과 바꿔서 반응에 대한 자기표현의 종류에 대해 기술해 보자. 또한, 옆 사람과 각 유형별 기본 자세를 연습해 보면서 소극적/공격적 표현을 주장적 표현으로 고치면서 이 장을 마무리해 보자.

💬 자기표현 예시

번호	상 황	반 응	소극적/공격적/주장적	주장적 표현
1	신발 브랜드 매장에서 일곱 켤레를 신어봤지만, 마음에 드는 신발이 없어 고민하고 있는데, 판매원이 "요즘 다 이 모델을 신어요. 여기에서 원하는 것을 찾지 못한다면 어디에서도 찾을 수 없을 거예요."라고 말한다.	판매원이 나를 대하는 방법이 마음에 들지 않지만, 마음을 가라앉히고 "알겠습니다."라고 대답하고 매장을 나간다.		
2	이번 겨울, 크리스마스에 특별히 입으려고 세탁소에 맡긴 코트를 찾으러 갔다. 그때 코트에 구멍이 난 걸 발견했다.	"오늘 저녁에 입어야 하는데 어떡해. 당신들은 좀 책임감 있게 일을 하지 못하겠소?"		
3	남자 한 명과 여자 일곱 명으로 구성된 어떤 모임에서 회장이 당신에게 서무를 하라고 한다. 그때 당신(남자)은?	"싫어요. 단지 내가 유일한 남자라고 해서 서무가 되는 것에는 진절머리가 나요!"		
4	당신이 팀 티칭(team teaching) 발표에 참여했는데, 자료 수집 및 계획, 토론, 발표, 평가를 도맡아 하고 있다. 그때 당신은?	"우리가 팀 티칭을 하기로 했는데 내가 모든 일을 하고 있어요. 역할을 분담해야 할 것 같아요. 여기에 대한 토의 시간을 정합시다."		
5	몇 번의 데이트를 했던 그(그녀)에게 더 이상의 흥미가 없다. 그(그녀)가 다음 데이트를 요청한다면?	"전 이번 주 너무 바빠요. 이번 토요일 저녁은 시간이 없어요."		

대인관계와 소통의 지혜

Chapter 4	학 습 활 동

활동 1 의사소통 능력 척도(Primary Communication Inventory : PCI)

번 호	문 항	전혀 그렇지 않다	그렇지 않다	보통	그렇다	매우 그렇다
1	나는 그날 있었던 유쾌한 일에 대해 가족이나 친구들에게 자주 이야기한다.	①	②	③	④	⑤
2	나는 그날 있었던 불쾌한 일에 대해 가족이나 친구들에게 자주 이야기한다.	①	②	③	④	⑤
3	내가 동의하지 않는 일이나 대화하기 어려운 일에 대해서도 가족이나 친구들에게 이야기한다.	①	②	③	④	⑤
4	나는 가족이나 친구 모두가 흥미 있어 하는 일에 대해서 이야기한다.	①	②	③	④	⑤
5	가족이나 친구들이 나와 대화할 때 말하는 내용이나 방법에서 나와 비슷한 방식으로 이야기한다고 느낀다.	①	②	③	④	⑤
6	내가 질문하기 전에 상대방이 내가 말하려는 것이 무엇인지 알 때가 많다.	①	②	③	④	⑤
7	나는 상대방의 얼굴 표정이나 몸짓에서 상대방의 감정을 안다.	①	②	③	④	⑤
8	나는 가족이나 친구들과의 대화에서 말하기 꺼려지는 주제가 종종 있다.	①	②	③	④	⑤
9	내 가족이나 친구들은 눈짓 또는 몸짓으로 나에게 의사를 전달하는 경우가 종종 있다.	①	②	③	④	⑤
10	나는 중요한 결정을 내리기 전에 가족이나 친구들과 함께 상의한다.	①	②	③	④	⑤
11	내 가족들은 내가 말하지 않아도 내가 하루를 어떻게 보냈는지 알아채는 경우가 종종 있다.	①	②	③	④	⑤
12	친구가 내가 원하지 않는 운동을 같이 하자고 할 때 나는 분명하게 거절할 수 있다.	①	②	③	④	⑤

번 호	문 항	전혀 그렇지 않다	그렇지 않다	보통	그렇다	매우 그렇다
13	친구들은 나에게 말하기 힘든 이성 문제에 대해서도 종종 이야기한다.	①	②	③	④	⑤
14	나와 친구들은 다른 사람이 알지 못하는 특별한 의미를 갖는 말이나 은어를 종종 사용한다.	①	②	③	④	⑤
15	가족이나 친구들에게 감정에 치우치거나 당황하지 않고 내 확고한 생각을 말한다.	①	②	③	④	⑤
16	나는 친구들에게 내가 나쁘게 보일 만한 것은 말하기를 꺼린다.	①	②	③	④	⑤
17	나는 상대방의 말투를 듣고 그가 말하는 내용과 실제의 뜻이 다르다는 것을 알아챈다.	①	②	③	④	⑤
18	나와 친구들은 서로의 개인적인 일에 대해 자주 이야기한다.	①	②	③	④	⑤
19	대화할 때 대부분의 경우, 내가 이야기하려는 것을 상대방이 잘 이해한다고 느낀다.	①	②	③	④	⑤
20	나는 다른 사람들이 이야기하는 것을 아주 잘 듣는 편이다.	①	②	③	④	⑤
21	나는 친구들과 대화를 통해서 서로의 감정을 종종 나눈다.	①	②	③	④	⑤
22	나는 친구들과 탁 터놓고 이야기를 잘한다.	①	②	③	④	⑤
23	나는 내가 생각하고 느끼는 것을 다른 사람들에게 잘 이해시킨다.	①	②	③	④	⑤
24	나는 내 느낌을 행동이나 몸짓으로 곧잘 나타낸다.	①	②	③	④	⑤
25	나는 친구들에게서 내가 자기들의 말을 잘 들어주는 친구라는 소리를 자주 듣는다.	①	②	③	④	⑤

- 언어적 의사소통 20문항과 비언어적 의사소통 5문항으로 구성되어 있다. 경청의 기술, 자기 노출 및 자기표현의 능력, 공감의 능력, 관계 형성에서의 의사소통 능력을 포함하고 있다.
- 점수가 높을수록 의사소통 효율성이 높다.
- 역채점 문항 8번, 16번은 1→5, 2→4, 3→3, 4→2, 5→2점으로 계산한다.

활동 2 상대방의 말 이해하기

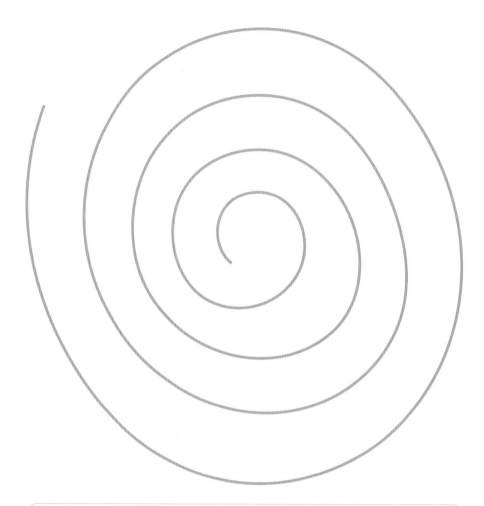

❀ 소감 나누기

활동 3 친구들과 의사소통한 뒤 관찰한 내용을 적어보고 상대방에게 피드백해 보자.

구 분	관찰한 내용	상대방에게 피드백하기
화장 상태, 안색, 표정, 인상		
머리 위생 및 정돈 상태		
옷차림, 자세, 태도, 위치		
눈 맞춤		
말의 속도, 음조		
다른 비언어적 의사소통		

❶ 주변에서 보았거나 경험했던 일 중 상대방에게 불쾌했거나 상대를 꼴불견이라고 느꼈던 상황을 떠올려 보고 언어적 요소와 비언어적 요소를 적어보자.

활동 4 의사소통이 잘 되었을 때(소통)나 의사소통이 안 되었을 때(불통), 소통이 단절(먹통)되었을 때를 떠올려 보고 어떤 일들이 있었는지 조별로 이야기해 보자.

소 통	
불 통	
먹 통	

대인관계와 **소통의 지혜**

 Chapter 5 　　학 습 활 동　　

활동 1　내용을 읽고 해당 오른쪽 해당 빈칸에 점수를 기입해보자. 평소의 자신의 말과 행동을 생각해 보면서 깊이 생각하지 말고 가벼운 마음으로 답해보자.

에고그램 프로파일 셀프 테스트			
정말 그렇다	대체적으로 그렇다	가끔 그럴 때도 있다	별로 그렇지 않다
3	2	1	0
1 상대방을 깔보는 경향이 있다.			
2 남의 단점을 지적하기보다는 장점을 잘 칭찬한다.			
3 능률적으로 일을 척척 해낸다.			
4 발랄하고 자유롭고 천진난만하다.			
5 불쾌한 일이 있어도 참는다.			
6 남의 무례한 태도를 보면 화가 치밀어 주의를 주고 싶어진다.			
7 남으로부터 부탁받는 일이 많다.			
8 현실을 잘 보고 행동한다.			
9 표현에는 감정이 풍부하다.			
10 어느 쪽인가 하면 소극적이다.			
11 책임감이 강하다.			
12 남을 생각해 주는 마음이 강해 지나치게 간섭하는 경향도 있다.			
13 '누가', '어디서', '왜'라는 식의 말을 자주 쓴다.			
14 주위 사정을 생각하지 않고 하고 싶은 말을 솔직하게 한다.			
15 주위 사람의 안색이나 평가에 신경을 쓴다.			
16 좋고 나쁨을 확실히 가려서 행동한다.			
17 곤경에 빠진 사람을 보면 즉시 도와주고 싶어진다.			
18 계획을 세우지 않고는 행동하지 않는다.			
19 제멋대로의 성품이다.			
20 조심성이 많아 자신의 생각을 입에 담지 못한다.			
21 아이들이나 아랫사람에게 사리를 분간해서 행동하도록 지도한다.			

		CP	NP	A	FC	AC
22	남의 의견을 대범하게 받아들인다.					
23	이야기 도중에 감정적으로 되는 일이 없다.					
24	무슨 일이건 흥미를 나타내고 호기심이 강하다.					
25	일이 제대로 되지 않았을 때 남을 책망하기보다는 자신의 탓으로 돌린다.					
26	○○을 해야 한다고 자신의 생각을 남에게 강요하는 경향이 있다.					
27	남이 실패를 했다 해도 그것을 선의적으로 받아들일 수 있다.					
28	남의 이야기를 정확히 들을 수 있다.					
29	남이 어떻게 생각하든 신경을 쓰지 않는 타입이다.					
30	비관적(悲觀的)으로 생각하는 경향이 있다.					
31	정해진 규칙이나 룰은 엄격히 지킨다.					
32	부탁을 받으면 다소 그것이 고생스럽다고 해도 받아들인다.					
33	침착하게 상대의 얼굴을 보면서 이야기한다.					
34	이성적(理性的)으로 결정하지 않고 직감으로 정한다.					
35	실패했을 때에는 솔직하게 사과한다.					
36	이상이나 목표가 높아서 그것이 낮은 사람에게는 뭐라고 한마디하고 싶다.					
37	남의 이야기에 공감할 줄 안다.					
38	사물을 정확히 판단하는 편이다.					
39	불쾌한 일이 있어도 곧 잊어버린다.					
40	다른 사람들이 결정한 일에 따른다.					
41	자신의 의견에 대해선 신념을 가지고 주장한다.					
42	남의 어려운 일을 기꺼이 도와주는 일이 많다.					
43	항상 냉정하고 이성적이다.					
44	잠시라도 그냥 있으면 불안하다.					
45	남들이 즐거워도 자신은 그다지 즐거워하지 않는 편이다.					
46	님의 실패나 결정을 용서하지 않는 경향이 있다.					
47	남을 위해 봉사 활동을 하는 것을 좋아한다.					
48	어떤 것이 손해이고 어떤 것이 이익인가를 즉시 알 수 있다.					
49	생각할 겨를 없이 행동해 버린다.					
50	남들이 능력이나 실력 이상으로 크게 보인다.					
합산(아래로 숫자를 합계합니다. 반드시 검산해 주십시오.)						

⏰ **에고그램[Egogram]**

❶ 셀프 테스트의 합산한 결과값 CP, NP, A, FC, AC 각각에 해당하는 막대 그래프를 그려보자.

❷ 막대 그래프 상단의 중심점 값을 연결해보자.

30						30
28						28
26						26
24						24
22						22
20						20
18						18
16						16
14						14
12						12
10						10
8						8
6						6
4						4
2						2
합계						합계
	CP	NP	A	FC	AC	

💬 예시

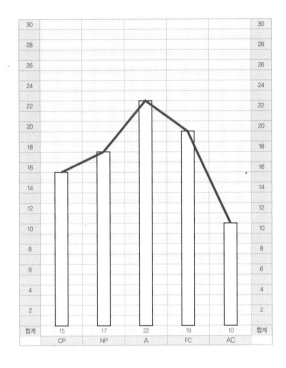

활동 2 자신의 자아 구조를 분석하고 인간관계 및 의사소통 증진을 위한 방안을 탐색해보자.

💬 장 점

💬 개선점

대인관계와 소통의 지혜

 Chapter **6** **학 습 활 동**

활동 1 나 자신을 나타내고 있다고 생각되는 문항에 체크해 보자.

사티어의 의사소통 유형 검사(자가 진단법)				
전혀 그렇지 않다	그렇지 않다	보통이다	그렇다	매우 그렇다
1	2	3	4	5

A 형

1. 상대방이 불편하게 보이면 비위를 맞추려고 한다. (　)
2. 관계나 일이 잘못되었을 때 자주 내 탓으로 돌린다. (　)
3. 지나치게 남을 의식해서 나의 생각이나 감정을 표현하는 것을 두려워한다. (　)
4. 사람들의 얼굴 표정, 감정, 말투에 신경을 많이 쓴다. (　)
5. 타인을 배려하고 잘 돌보아주는 편이다. (　)
6. 다른 사람들이 나를 싫어할까 두려워서 위축되거나 불안을 느낄 때가 많다. (　)
7. 타인의 요청을 거절하지 못하는 편이다. (　)
8. 내 자신이 가치가 없는 것 같아 우울하게 느껴질 때가 많다. (　)

B 형

1. 일이 잘못되었을 때 자주 상대방의 탓으로 돌린다. (　)
2. 다른 사람들의 의견을 무시하고 내 의견을 주장하는 편이다. (　)
3. 내 의견이 받아들여지지 않으면 화가 나서 언성을 높인다. (　)
4. 타인의 결점이나 잘못을 잘 찾아내어 비판한다. (　)
5. 명령적이고 지시적인 말투로 상대가 공격받았다는 느낌을 줄 때가 있다. (　)
6. 사소한 일에도 잘 흥분하거나 화를 낸다. (　)
7. 자주 근육이 긴장되므로 목이 뻣뻣하며 혈압이 오르는 것을 느끼곤 한다. (　)
8. 타인으로부터 비판적이거나 융통성이 없다는 말을 듣기도 한다. (　)

C 형

1. 무슨 일이든지 조목조목 따지는 편이다. (　)
2. 이성적이고 차분하며 냉정하게 생각한다. (　)
3. 나의 견해를 분명하게 표현하기 위해 객관적인 자료를 자주 인용한다. (　)
4. 실수하지 않으려고 애를 쓰는 편이다. (　)
5. 불편한 상황을 그대로 넘기지 못하고 시시비비를 따지는 편이다. (　)

6. 현명하고 침착하지만 냉정하다는 말을 자주 듣는다. ( )

7. 나의 감정을 표현하는 것이 힘들고, 혼자인 느낌이 들 때가 많다. ( )

8. 목소리가 단조롭고, 뻣뻣하고 경직된 자세를 취하는 편이다. ( )

D 형

1. 생각이 자주 바뀌고 동시에 여러 가지 행동을 하는 편이다. ( )

2. 다른 사람들로부터 정신이 없거나 산만하다는 소리를 듣는다. ( )

3. 상황에 적절하지 못한 말이나 행동을 자주 하고 딴전을 피우는 편이다. ( )

4. 곤란하거나 난처할 때는 농담이나 유머로 그 상황을 바꾸려는 편이다. ( )

5. 불편한 상황에서는 안절부절못하거나 가만히 있지를 못한다. ( )

6. 한 주제에 집중하기보다는 화제를 자주 바꾼다. ( )

7. 분위기가 침체되거나 지루해지면 분위기를 바꾸려 한다. ( )

8. 불안하면 호흡이 고르지 못하고 머리가 어지러운 경험을 하기도 한다. ( )

E 형

1. 타인의 평가에 구애받지 않고 내 의견을 말한다. ( )

2. 부정적인 감정도 솔직하게 표현한다. ( )

3. 다른 사람이 내게 부탁할 때 내가 원하지 않으면 거절한다. ( )

4. 나 자신에 대해 편안하게 느낀다. ( )

5. 모험하는 것을 두려워하지 않는다. ( )

6. 다양한 경험에 개방적이다. ( )

7. 나만의 독특한 개성을 존중한다. ( )

8. 누가 내 의견에 반대해도 감정이 상하지 않는다. ( )

❶ 총 합계

A	B	C	D	E

❷ 나의 유형 ( )형

❸ 나의 의사소통에서 일치성을 높이기 위한 방안

활동 2 자신의 비언어적 의사소통을 분석하고 어떤 것을 개선하면 좋을지 생각해 보자.

비언어적 의사소통	현 재	개선점
눈 맞춤		
얼굴 표정		
자세와 위치		
신체적 접촉		
말의 속도		
음조		

대인관계와 소통의 지혜

 Chapter **7**   **학 습 활 동**

활동 1 경청하기

❶ 두 명씩 짝을 지어 '스트레스' 또는 '연애 상담'을 주제로 5분 동안 이야기를 나눈다.

❷ 경청하기 위해 어떤 노력을 했는가?

❸ 듣는 데 방해가 되는 것은 무엇인가?

❹ 친구의 이야기에서 내가 이해한 내용은 무엇인가?

❺ 친구의 이야기를 들으면서 어떤 의사소통 방법을 사용했는가?

활동 2 효과적인 의사소통

❶ 대상자 : 너무 외로워요. 더 이상 이 세상에 살고 싶지 않아요.

▶ 면담자

• 공감하기 :

• 반영하기 :

• 재진술 :

• 구체적으로 말하기 :

❷ 대상자 : 나는 아무 쓸모가 없는 기생충 같은 존재예요.

▶ 면담자

• 반영하기 :

• 바꾸어 말하기 :

• 재진술 :

• 명료화 :

❸ 대상자 : 제가 죽든 말든 신경 쓰는 사람은 아무도 없어요.

▶ 면담자

• 침묵 :

• 수용하기 :

• 개방형 질문 :

• 직면 :

❹ 대상자 : 우리 엄마는 내 얘기를 잘 듣지 않아요.

▶ 면담자 :

• 수용하기 :

• 요약 :

• 해석 :

❺ 대상자 : 되는 일이 하나도 없어요. 나는 공부를 열심히 해서 성적도 올랐으면 좋겠고 토익도 잘하고 싶은데요.

▶ 면담자

• 재진술 :

• 초점 맞추기 :

• 바꾸어 말하기 :

• 구체적 말하기 :

대인관계와 **소통의 지혜**

 Chapter **8**　　　**학 습 활 동**

활동 1　역할극의 목적은 청중을 염두에 둔 쇼가 아니라 현실 치료 기법을 학습하는 데 있다. WDEP 과정을 적용하여 욕구를 확인하고 계획을 세워가는 과정에서 문제 해결의 실마리를 찾을 수 있다는 것을 기억한다.

	Relationship • 면담자와 대상자의 관계 • 탐색하기	• 대상자가 지각하고 있는 상황에 대해 묻는다. 현재 대상자에게 일어나고 있는 여러 가지 일들, 인간관계, 흥미 등에 대해 질문한다.
W	Want • 바람, 욕구 탐색 질문 • 욕구 충족을 하기 위해 무엇을 원하는지 질문하기	• 대상자가 원하는 것이 무엇인지, 진정으로 자신이 원하는 것인지를 묻는다.
D	Doing • 행동, 가고 있는 방향, 탐색 질문 • 원하는 것을 얻기 위해 선택한 행동 점검	• 대상자가 원하는 것을 얻기 위해 어떤 전 행동을 선택하고 있는지 묻는다. 갈등이 일어났을 때 구체적으로 어떤 상태였는지(느끼기/신체 반응하기/생각하기/활동하기) 묻는다.
E	Evaluation • 평가 질문 • 대상자의 행동이 원하는 것을 얻는 데 도움이 되었는지 확인하기	• 자기 평가를 안전하게 할 수 있도록 질문한다. 자신이 원하는 방향으로 가고 있는지 스스로 평가해볼 수 있는 질문을 한다.
P	Plan • 단순하고 간단하게 • 즉시, 혼자 할 수 있는 것, 구체적인 것, 진지하기, 진실하게 할 것	• 대상자가 원하는 것을 얻기 위해 무엇을 할 수 있는지, 얼마나 강한 의지로 그것을 실천할 수 있는지 변화 단계를 묻는다.

관찰자 역할 : 학번 _____ 이름 _____

면담자 역할 : 학번 _____ 이름 _____

대상자 역할 : 학번 _____ 이름 _____

활동 2　나의 의사소통 방법 알아보기

❶ 최근 나와 가까운 관계에 있는 가족이나 친구와의 대화에서 속상했던 일을 떠올려 보자. 그리고 나와 가족 혹은 친구와의 대화를 적어 생각해 보자.

상　황:　　　　　　　　　　　　　　　　　　　　년　월　일　시

대화 상대 및 대화가 진행된 상황을 간단하게 요약하시오.

대화 내용 기록	
나	
가족(친구)	
나	
가족(친구)	

❷ 가족 혹은 친구와의 대화에서 나의 생각과 감정이 적절하게 표현되었는지, 가족이나 친구의 의사소통 능력은 어떠했는지 생각하여 작성해 보자.

활동 3 모의 면접 자기 점검

상대방과 번갈아 가며 서로의 면접관이 되어 모의 면접을 진행해 보자. 그리고 다음 모의 면접 점검표를 활용하여 실전 면접 전에 스스로를 점검해 보자.

평가 영역	평가 기준	미흡 1점	보통 3점	우수 5점
태도와 용모	용모가 단정한가?			
	자세가 바른가?			
	침착한가?			
	대답하는 태도가 확실한가?			
표현력	용어가 적절한가?			
	목소리가 명료한가?			
	간결하고 정확하게 표현하는가?			
	자기 생각을 충분하게 전달하는가?			

평가 영역	평가 기준	미흡 1점	보통 3점	우수 5점
판단력	정확하게 이해하고 있는가?			
	신속하게 이해하고 응답하고 있는가?			
	결단력이 있고 판단 능력이 있는가?			
적극성	근면하고 활기찬가?			
	맡은 바를 적극적으로 수행할 수 있는가?			
	맡은 일에 대한 사명감이 있는가?			
성실성	의지가 굳은가?			
	성실하고 자신감이 있는가?			
	신뢰감을 줄 수 있는 사람인가?			
인성	인생관이 바람직한 사람인가?			
	대인관계가 원만한 사람인가?			
	배려심이 있는 사람인가?			

출처 : 김대선 외 2명, 창의적 진로개발 개정판, 교육부(2016)

- **80점 이상** : 면접에서 좋은 인상을 줄 수 있다.
- **60점 이상** : 나쁘지는 않으나 자신의 모습을 조금 더 점검할 필요가 있다.
- **60점 미만** : 면접뿐만 아니라 사회생활에서도 문제가 발생할 수 있다. 면접에서 좋은 인상을 주기 위해 자신의 의지와 감정을 보다 확실하게 드러낼 수 있도록 연습하자.

 Chapter **9** **학 습 활 동**

활동 1 각 문항을 읽고 A 혹은 B를 선택하여 ○안에 표시하시오.

		Thomas–Kilmann의 갈등 관리 유형 검사 (Thomas–Kilmann Conflict Mode Instrument, TKI)
번호		문 항
1	○	A : 나는 가끔 문제 해결의 책임을 상대방이 지도록 내버려 두곤 한다.
	○	B : 나는 서로가 동의하지 않는 일들에 대해 협상하기보다 서로 동의하는 일들에 대해서 강조한다.
2	○	A : 나는 타협적인 해결책을 모색하여 본다.
	○	B : 나는 상대방과 나의 관심사를 모두 충족시키려고 시도한다.
3	○	A : 나는 대체로 내 목적을 달성하기 위해 끝까지 밀고 나간다.
	○	B : 나는 아마 상대방의 감정을 상하지 않게 하고 서로 간의 관계를 유지하려고 노력할 것이다.
4	○	A : 나는 타협적인 해결책을 모색하여 본다.
	○	B : 나는 때때로 상대방이 바라는 바를 위해서 내 자신이 바라는 바를 희생한다.
5	○	A : 나는 해결책을 찾아내기 위해서 끊임없이 상대방의 도움을 요청한다.
	○	B : 나는 불필요한 긴장 상태를 피하려고 한다.
6	○	A : 나는 나에게 불편한 자리는 회피하려고 한다.
	○	B : 나는 내 직위를 확보하려고 애쓴다.
7	○	A : 나는 어떤 문제에 대해서 충분히 숙고할 시간이 있을 때까지 그것을 미루어 두려고 한다.
	○	B : 나는 어떤 점을 얻는 대가로 다른 점을 포기한다.
8	○	A : 나는 대체로 내 목적을 추구함에 있어 남에게 양보하지 않는 편이다.
	○	B : 나는 모든 관심사와 문제들을 곧바로 터놓고 이야기하려고 시도한다.

9	○	A : 나는 서로 간의 견해 차이에 대해서 고민할 가치가 없다고 느낀다.
	○	B : 나는 내 방식대로 일을 처리하기 위해서 어느 정도 노력한다.
10	○	A : 나는 대체로 내 목적을 달성하기 위해 끝까지 밀고 나간다.
	○	B : 나는 타협적인 해결책을 모색해 본다.
11	○	A : 나는 모든 관심사와 문제들을 곧바로 터놓고 이야기하려고 시도한다.
	○	B : 나는 아마 상대방의 감정을 상하지 않게 하고 서로 간의 관계를 유지하도록 노력할 것이다.
12	○	A : 나는 때때로 논쟁을 야기하게 되는 입장을 취하게 되는 일을 피한다.
	○	B : 나는 만약에 상대방이 나의 입장을 어느 정도 존중해 준다면 나도 그 사람이 자신의 입장을 어느 정도 견지하도록 허용할 것이다.
13	○	A : 나는 중간적인 입장을 제안한다.
	○	B : 나는 내 의견을 관철시킨다.
14	○	A : 나는 상대방에게도 내 생각을 말해주며 그 사람의 생각도 물어본다.
	○	B : 나는 상대방에게 내 의견의 논리적 근거와 장점을 설명해 주려고 한다.
15	○	A : 나는 아마 상대방의 감정을 상하지 않게 하고 서로 간의 관계를 유지하려고 노력할 것이다.
	○	B : 나는 불필요한 긴장 상태를 피하려고 한다.
16	○	A : 나는 상대방의 감정을 상하지 않게 하려고 한다.
	○	B : 나는 상대방에게 내 입장의 장점을 설득시키려고 한다.
17	○	A : 나는 대체로 내 목적을 달성하기 위해 끝까지 밀고 나간다.
	○	B : 나는 불필요한 긴장 상태를 피하려고 한다.
18	○	A : 나는 만약 상대방이 자신의 관점을 견지하는 데서 기쁨을 느낀다면 그렇게 하도록 할 것이다.
	○	B : 나는 상대방이 나의 입장을 어느 정도 존중해 준다면 나도 그 사람이 자신의 입장을 어느 정도 견지하도록 허용할 것이다.
19	○	A : 나는 모든 관심사와 문제들을 곧바로 터놓고 이야기하려고 시도한다.
	○	B : 나는 어떤 문제에 대해서 충분히 숙고할 시간이 있을 때까지 그것을 미루어 두려고 한다.

20	○	A : 나는 서로 간의 차이를 해소시키려고 시도한다.
	○	B : 나는 이해득실상 양자 모두에게 공정한 입장을 찾으려고 한다.
21	○	A : 나는 협상해 나가는 과정에서 상대방이 바라는 바를 배려해 주려고 한다.
	○	B : 나는 항상 문제를 직접 놓고 토론하는 편이다.
22	○	A : 나는 상대방의 입장과 나의 입장 간의 중간 지점을 찾으려고 한다.
	○	B : 나는 내가 하고 싶은 바를 주장한다.
23	○	A : 나는 우리 모두가 바라는 바를 만족시키는 데 항상 관심을 가진다.
	○	B : 나는 가끔 문제 해결의 책임을 상대방이 지도록 내버려 두곤 한다.
24	○	A : 만약 상대방의 입장이 그 사람에게 아주 중요해 보이면 나는 그가 하고 싶은 바를 만족시켜 주려 할 것이다.
	○	B : 나는 상대방이 타협안에 만족하도록 할 것이다.
25	○	A : 나는 상대방에게 내 의견의 논리적 근거와 장점을 설명해 주려고 한다.
	○	B : 나는 협상해 나가는 과정에서 상대방이 바라는 바를 배려해 주려고 한다.
26	○	A : 나는 중간적인 입장을 제안한다.
	○	B : 나는 항상 우리 모두가 바라는 바를 만족시키는 데 관심을 가진다.
27	○	A : 나는 때때로 논쟁을 야기하게 되는 입장을 취하게 되는 일을 피한다.
	○	B : 나는 만약 상대방이 자신의 관점을 견지하는 데서 기쁨을 느낀다면 그렇게 하도록 할 것이다.
28	○	A : 나는 대체로 내 목적을 달성하기 위해 끝까지 밀고 나간다.
	○	B : 나는 해결책을 찾아내기 위해서 항상 상대방의 도움을 요청한다.
29	○	A : 나는 중간적인 입장을 제안한다.
	○	B : 나는 서로 간의 견해 차이에 대해서 고민할 가치가 없다고 느낀다.
30	○	A : 나는 상대방의 감정을 상하지 않게 하려고 한다.
	○	B : 나는 어떤 문제를 항상 상대방과 의논함으로써 우리가 그 문제를 해결할 수 있도록 한다.

활동 2 설문지의 각 문항에 표시한 대로 아래 항목의 A 혹은 B에 표시한다. 제일 하단에 항목별 표시 개수의 합을 적는다.

번 호	경 쟁	협 력	타 협	회 피	순 응
1				A	B
2		B	A		
3	A				B
4			A		B
5		A		B	
6	B			A	
7			B	A	
8	A	B			
9	B			A	
10	A		B		
11		A			B
12			B	A	
13	B		A		
14	B	A			
15				B	A
16	B				A
17	A			B	
18			B		A
19		A		B	
20		A	B		
21		B			A
22	B		A		
23		A		B	
24			B		A
25	A				B
26		B	A		
27				A	B
28	A	B			
29			A	B	
30		B			A
합계					

표시한 개수가 가장 많은 것이 자신의 주요 갈등 관리 유형이다.

❶ 각자 유형별 갈등 관리 전략을 세워보자.

대인관계와 **소통의 지혜**

 Chapter **10** **학 습 활 동**

활동 1 NVC 활용하기

❶ 다음 사례를 읽고 느낌과 욕구를 적어보자.

> 사례   금요일 공강에 친구랑 광화문 광장에 가기로 했는데 당일 아침에 친구가 사정이 생겨 못가게 되었다며 미안하다고 말했다.

💬 "그래? 사실은 나도 팀 과제 마무리하느라 밤을 새서 너무 피곤했어."

- • 느 낌 :
- • 욕 구 :

💬 "다른 약속이 생긴 거야? 나는 너랑 먹으려고 쿠키도 굽고 간식도 준비하면서 다른 약속은 안 잡았는데….."

- • 느 낌 :
- • 욕 구 :

활동 2 NVC로 부탁해 보자.

> 사례   "제발 팀플 단톡방에 의견 올리면 읽고 답좀 바로바로 하자."

- • 관 찰 :
- • 느 낌 :
- • 욕 구 :
- • 부 탁 :

활동 3 다음 상황에서 4단계 대화법을 적용해 보자.

❶ 분노 상황

💬 대학교 1학년 진희는 며칠째 남자친구와 연락이 되지 않아 다투었다. 사귄 지 100일도 안 된 남자친구와 연락을 더 자주 하면서 일상을 공유하고 싶었는데 남자친구는 필요할 때 전화하는데 굳이 연락할 필요가 있느냐며 화를 냈다. 이런 상황에서 먼저 헤어지자고 말도 못하고 있는 자신에게 화가 난다고 한다.

• 1단계 : 평가 없이 관찰한 것 표현하기

• 2단계 : 느낌을 확인하고 표현하기

• 3단계 : 욕구 인식하기

• 4단계 : 부탁 표현하기

❷ 불안한 상황

🎮 지선은 얼마 전 수업을 마치고 집에 가다가 목줄이 풀린 개에게 물릴 뻔한 사건이 있었다. 뒤늦게 나타난 개 주인은 놀라서 넘어져 있는 지선에게 괜찮으냐고 물어보고 미안하다고 사과했다. 그러나 이후 같은 장소를 지나갈 때마다 그날의 기억이 떠올라 몸이 긴장되고 손에는 식은땀이 나면서 불안해졌다. 주변에 사람들이 있어도 막상 위험한 일이 닥치면 제 때 도움을 받을 수 없을 거란 생각에 더 무섭다고 한다.

• 1단계 : 평가 없이 관찰한 것 표현하기

• 2단계 : 느낌을 확인하고 표현하기

• 3단계 : 욕구 인식하기

• 4단계 : 부탁 표현하기

❸ 우울한 상황

💬 수영은 한 달 동안 아르바이트를 해서 엄마가 평소 갖고 싶어 하던 명품 가방을 선물해 드렸다. 10년 동안 같은 가방만 들고 다니는 엄마가 기뻐하시는 모습을 보고 싶었다. 그러나 엄마는 쓸데없는 데 돈을 쓰지 말라는 잔소리와 함께 졸업하면 뭐 해먹고 살 건지 모르겠다고 걱정을 늘어놓으셨다. 이런 상황이 속상하고 우울하다고 한다.

• 1단계 : 평가 없이 관찰한 것 표현하기

• 2단계 : 느낌을 확인하고 표현하기

• 3단계 : 욕구 인식하기

• 4단계 : 부탁 표현하기

자기 공감

❶ 되돌아보면 '그렇게 하지 말걸(실수나 잘못이라고 생각되는)' 하고 후회되는 과거를
   생각해보고 그때 나의 말이나 행동을 정확하고 구체적으로 적어보자.(관찰)

❷ 위 1번 내용의 말 또는 행동에 대해 머릿속에 떠오르는 생각, 판단 등을 수정 없이 그
   대로 써보자.(내게 하는 비판의 말 또는 생각, 자칼 메시지, 자칼 귀 안)

💬 내가 스스로에게 비판한 것을 좋다/나쁘다 판단없이 그대로 수용하며 읽고 바라보면서 나
   자신에게 말해보자.

• 나는 스스로에게 "＿＿＿＿＿＿＿＿＿＿＿＿＿＿＿＿＿＿＿＿＿"라고 말하고 있구나.

💬 자칼 메시지를 통해 그 뒤에 있는 나의 욕구를 찾아 적어보고 확인된 나의 충족되지 않은
   욕구를 생각할 때의 느낌을 적어보자.

• 나의 욕구는 ＿＿＿＿＿＿＿＿＿＿＿＿＿＿＿＿＿＿＿＿＿＿＿ 였다.

• 이런 나의 욕구가 충족되지 않아서 나는 ＿＿＿＿＿＿＿＿＿＿＿＿＿를 느낀다.

❸ 1번의 말이나 행동을 선택했을 당시에 나는 어떤 욕구를 충족하고자 했을지 적어보
자.(자기 용서)

❹ 향후 2와 3의 욕구들을 긍정적이고 효과적으로 충족하려면 어떻게 해야 할지 적어보
자.(스스로에게 부탁하기)

대인관계와 소통의 지혜

대인
관계와
소통의
지혜

학습활동

Interpersonal & Communicative Wisdom

정가 29,800원

03320

9 791166 474590

ISBN 979-11-6647-459-0

대인
관계와
소통의
지혜

성미라 · 김경미 · 김진주 · 박미현 · 연영란

윤정숙 · 김윤영 · 남수현 · 신경숙 · 안은선

유미진 · 유시연 · 윤영주 · 윤재연 · 조현나

김승미 · 김희현 · 박민희 · 이요나

Interpersonal & Communicative Wisdom

이 책은 [관계의 이해]와 [소통의 지혜]로 나누어 구성되었습니다. [관계의 이해]는 독자들에게 대인관계의 긍정적인 성장을 위해 나 자신을 이해하는 방법을 알려주고, 상대방 마음 헤아리기의 중요성에 대해 기술했습니다. [소통의 지혜]에서는 서로 좋은 관계로 나아가는 길을 안내하고자 노력했으며, 효과적인 의사소통을 위한 상황별 전략과 방법 등을 수록했습니다.

한올